DETENUS PAR LE SEJOUR

DES MORTS

Dr D. K. Olukoya

DETENUS PAR LE SEJOUR DES MORTS

Par
Dr. D.K.Olukoya

Par Dr. D. K. Olukoya

DETENUS PAR LE SEJOUR DES MORTS
©2010 Dr. D.K.Olukoya

Une publication des :
Ministères de la Montagne de Feu et des Miracles.
13, Olasimbo Street, off Olumo road (UNILAG second gate)
Onike, Iwaya. Lagos. Nigeria
www.mountainoffire.org

ISBN: **978-0692241042**

Tous droits réservés.
Aucune partie de cette publication (édition) ne peut être reproduite, ni enregistrée dans les systèmes de recherche documentaire, ou retransmise sous une forme quelconque par n'importe quel moyen, mécanique, électronique, photocopiant ou autre sans autorisation écrite antérieure de la maison de publication.

Pour de plus amples détails ou l'obtention d'une autorisation, adressez-vous à :

Email: pasteurdanielolukoya_french@yahoo.fr
mfmhqworldwide@mountainoffire.org
Ou visitez le site: **www.mountainoffire.org**
http://mfmbiligualbooks4evangelism.blogspot.com/

DETENUS PAR LE SEJOUR DES MORTS

Psaumes 30 :4 dit : « Eternel ! Tu as fait remonter mon âme du séjour des morts. Tu m'as fait revivre loin de ceux qui descendent à la fosse. » Dans Psaume 49 : 15-16, la Bible dit : « Comme un troupeau, ils sont mis dans le séjour des morts. La mort en fait sa pâture. Et bientôt les hommes droits les foulent aux pieds, leur beauté s'évanouit, le séjour des morts est leur demeure. Mais Dieu sauvera mon âme du séjour des morts, car Il me prendra sous sa protection. »

A la Montagne de Feu (MFM), nous avons beaucoup de points de prière. Et certains de ces points de prière peuvent sembler étrange pour plusieurs. Mais pour ceux qui comprennent la guerre qui se passe en esprit, ce sont des choses habituelles. Par Exemple à l'MFM, nous prions beaucoup sur les vertus enterrées. A trois reprises, les gens m'ont apporté des marmites. La première était une petite fille, il y'a plusieurs années. Elle avait environ 13 ans, son papa avait des problèmes, et je pense qu'il a bien prié. Un jour, elle est venue avec une marmite enveloppée dans un sachet noir, et a insisté sur le fait que j'étais la seule personne à qui, elle montrera le contenu de la marmite. Elle l'a ouverte et la première chose qu'elle a dite était, « Papa est un bel homme mort. » Je lui ai dit : « je ne comprends pas ce que tu veux dire. Qu'y a-t-il dans la marmite? J'ai regardé à l'intérieur et j'ai vu trois choses : quelques cheveux, un morceau de tissu qui a du être coupé d'une chemise et des ongles. Je lui ai demandé d'où venaient ces choses, et elle dit, elles viennent de papa. Et elle a ajouté : « laisses-moi te dire ce qu'elles représentent. Les cheveux représentent sa gloire, que nous avons enterrée, le morceau de tissu qui a été coupé de sa chemise, a été utilisé pour introduire la honte dans sa vie, parce que spirituellement, quand quelqu'un t'enlève ton habit, il te met dans la honte. Les ongles représentent tout ce qu'il fait avec ses mains. Donc papa est un bel homme mort. Mais s'il se repent de l'esprit de colère et prie, alors, il pourra être délivré. » Je lui ai dit : « Et si on brulait la marmite maintenant ? » Elle m'a répondu : « Oui, tu peux bruler la marmite maintenant, mais on peut toujours trouver une autre marmite. » A ce point, je pense que tu dois prier comme ceci : « Toute marmite satanique préparé contre moi, brise toi au nom de Jésus ».

Bien aimé, ce sont des choses pratiques. Un temps

arrive ou les chrétiens n'iront que chez les chrétiens pour se faire les cheveux. Les gens vont s'assagir. Les chrétiens n'entreront plus dans les salons de coiffure ayant des noms tels 'Sirène'. Elles regarderont les ongles des coiffeuses avant d'y aller. Maintenant, tu vois les chrétiens donner leurs têtes oints aux coiffeurs démoniaques, parce qu'ils doivent se faire les cheveux, même si cela entraine leur destruction.

La deuxième marmite a été emmenée par trois filles de l'université. Quand je leur ai demandé ce qu'il y'avait à l'intérieur de la marmite, elles ont rigolé et ont dit, « Homme de Dieu, ce sera déplacé de te donner les noms, mais tu comprends. » J'ai regardé à l'intérieur et j'ai trouvé une substance blanche. Je leur ai demandé ce que c'était, et elles ont répondu : « la semence masculine » i.e. le sperme. Je leur ai demandé comment elles l'ont obtenu, et elles ont dit : « nous l'avons recueilli de certains garçon de l'école et nous avons traité contre chacun d'entre eux. » J'ai dit « Mais qu'ont-ils fait ? » Elles ont dit « Ils nous ont laissé tomber, ils étaient nos copains, mais ils ne savaient pas que nous étions puissantes. Ils ont blagué avec nous, nous leur avons fait payer. » Je leur ai demandé ce que ces garçons étaient devenus, elles m'ont dit que deux d'entre eux étaient morts et que l'un était fou. Je leur ai demandé ce qu'elles voulaient faire, elles m'ont dit qu'elles voulaient donner leurs vies à Jésus. Nous nous repentons. Ceci est le mystère de l'évangile. Jésus va les accepter et celui qui est fou peut rester fou, même après leur repentance.

Voila pourquoi toi et moi devons savoir que la meilleure défense c'est l'attaque. Si tu es dans un ring de boxe et qu'on te demande de combattre, et que toi, tu commences à dire à ton adversaire : « Avant de commencer, ne touches pas ma tête, ne touches pas mon nez, » il ne va pas t'écouter parce que le combat a été déclaré. Notre combat avec l'ennemi a déjà été déclaré dans le livre de Genèse : « Je mettrai l'inimitié entre toi et la femme, entre sa postérité et la sienne » Genèse 3 :15. Ces filles ont donné leurs vies à Jésus, entre temps deux insensés sont morts et l'un été fou.

La troisième fois que quelqu'un m'a emmené une marmite, elle contenait du sang. « D'où vient ce sang ? » Je lui ai demandé. Il m'a dit : « Je l'ai recueilli de certaines personnes. » Et j'ai demandé « Mais pourquoi ? » Il a dit : « Parce que je veux les achever ».

DETENUS PAR LE SEJOUR DES MORTS

LA PUISSANCE DU SEJOUR DES MORTS

Quand des choses ont été recueillies et enterrées, il y a des problèmes, à moins que tu ne comprennes comment retirer ce qui a été enterré. Voila pourquoi le psalmiste parle de la délivrance du séjour des morts. Il parle aussi de la puissance du séjour des morts. Le séjour des morts a certains pouvoirs qui sont derrière ce qu'on appelle les cas difficiles.

QUELS SONT LES CAS DIFFICILES ?

Les cas difficiles, sont les situations pour lesquelles, les tuyaux démoniaques qui les alimentent n'ont pas été démolis. Et tu dis que c'est difficile.

Un problème difficile est un problème dont les secrets ne sont pas tous connus. Et à cause de cette ignorance, l'ennemi continu de se réjouir.

Un problème est difficile quand il est lié à des malédictions et liens multiples. Par exemple, quelqu'un enferme une personne et tu lui demande de la libérer, et il le fait. Tu demandes si la personne est maintenant libre, et il dit « Non, parce que nous avons utilisé 14 cadenas sur elle. » Cela signifie que si ce genre de personne qui est enchaîné, vient à une réunion de prière et prie une heure et brise deux

Par Dr. D. K. Olukoya

chaines, il en restera douze. Et la personne peut également prier et au cours de cette même opération toutes les quatorze chaines seront brisées. C'est possible. Donc, quand une situation a plusieurs alliances formées autour d'elle, elle semble difficile parce qu'il y a plusieurs chaines qui la retiennent. Il y en a qui vivent avec des parents colérique qui passent leur temps à les insulter. Par exemple, le lundi ils t'appellent idiot, le diable l'enregistre. Le mardi, ils t'appellent zombie, le diable l'écrit, le troisième jour, ils disent que ça ne va pas dans ta tête, le diable l'écrit, le quatrième jour, Dieu va te punir, le diable le note. En un mois, certains enfants accumulent un minimum de 30 malédictions. Au bout d'une année, ils accumulent dans leurs vies 360 à 365. Ce genre de personnes peuvent arriver à une réunion de réveil, prient et peuvent parvenir à enlever 200. Il en restera encore 160. Leur situation paraitra difficile parce qu'il y a plusieurs malédictions qui œuvrent contre eux. Les gens les plus pauvres que j'ai jamais vu sont les gardiens des écoles primaires. Ces enfants les insultent tous les jours à chaque fois qu'ils entrent ou sortent. Et certains de ces enfants ne sont pas normaux.

DÉTENUS PAR LE SÉJOUR DES MORTS

Alors ces gardiens accumulent en moyenne 100 injures par jour, et au bout d'un mois, ils en auront accumulé 3000, pauvres hommes.

Généralement, ces gardiens vivent dans des endroits où même le plus court des hommes doit se courber pour entrer. Et à chaque fois qu'il pleut, il y a des problèmes. Leur cas est difficile à cause de l'énormité des malédictions qu'ils accumulent au cours des années. Et ça c'est différent de ce que leurs femmes et autres personnes leur disent à la maison.

Un cas difficile est celui qui a fait le tour des quatre mondes. Quels sont les quatre mondes ?
1. Le deuxième ciel, c'est-à-dire le quartier général du mal.
2. La terre.
3. Sous la terre.
4. La mer.

Quand le cas de quelqu'un a été emmené dans ces quatre places. Alors il semble très difficile.

L'homme a été formé de la poussière de la terre. La Bible nous le dit dans Genèse 2 :7. Aussi, les animaux et les plantes ont été formés de la terre (Genèse 2 :19). Mais plus tard, Dieu a maudit la terre

(Genèse 3). Tu vas également découvrir que tous les éléments du corps de l'homme peuvent être trouvés dans la terre. C'est pourquoi la Bible dit dans Philippiens 2 :10, Afin qu'au nom de Jésus, tout genou fléchisse dans les cieux, sur la terre et sous la terre. Cela signifie que tout ce que nous voyons aujourd'hui autour de nous viennent de sous la terre. La chose majeure qui vient du ciel est l'esprit, qui est à l'intérieur de l'homme. Le bois, le fer, les vêtements, le métal, etc. viennent de la terre. Dans Jean 3 :31, Jésus dit « Celui qui vient d'en haut est au dessus de tout, celui qui vient de la terre est terrestre, et parle de la terre : celui qui vient du ciel est au dessus de tout. » Par conséquence, il y a certaines choses qui viennent de la terre et d'autres qui viennent du ciel. 1 Cor 15 :47-48 dit : « le premier homme tiré de la terre est terrestre ; le second homme est du ciel. Tel est le terrestre, tels sont aussi les terrestres ; et tel est le céleste, tels sont aussi les célestes. »

La Bible elle-même quelques fois parle à la terre comme à une personne, parce qu'il y a un esprit qu'elle renferme qui est l'esprit du séjour des morts. Dans Nombre 16, Moïse dit : « Oh Dieu, fais une nouvelle chose, que la terre s'ouvre et engloutisse » Qu'est-il arrivé ? La terre a entendu ce que Moïse a dit et s'est ouverte. Donc il y a un pouvoir dans la terre, que nous appelons la puissance du séjour des morts. Un homme noir avisé comprend bien cela, plus que l'homme blanc. Par exemple, les noirs versent une libation au sol pour les démons de la terre. C'est pourquoi les gens démoniaque retire le sable de sous les pieds des gens et l'utilisent contre eux. C'est aussi la raison pour laquelle, les féticheurs font des sacrifices à la terre. Certaines personnes jurent par la terre et utilise le sol comme fétiche. Certaines personnes demandent leur avenir à la terre en touchant le sable. Ce sont ces esprits du séjour des morts qui les répondent. Ils croient à la puissance de la terre. Quand j'étais un petit garçon, mon école était près d'un cimetière. Alors, on nous a dit que si on rencontrait des créatures d'une taille inhabituelle en allant à l'école, qu'on devait leur jeté du sable et ils disparaitront. Je ne les ai jamais rencontré. Mais mes amis disaient souvent qu'ils les avaient vus et leur avaient jeté du sable et qu'ils avaient disparus. Pourquoi fallait-il leur jeté du sable ? Parce qu'ils sont des puissances de la terre.

Dans une église que j'allais, on avait un pasteur très inhabituel. Inhabituel dans le sens où au bout de 5 minutes de prière, il transpirait intensément, parce qu'il priait agressivement, contrairement à celui qui était avant lui, qui donnait les sujets de prière et s'asseyait pour prier. Un jour, je me suis assis derrière et soudainement, le pasteur a couru derrière quand une femme est entrée, dansant, acclamant avec un bébé au dos. Le pasteur la regardé et dans la colère lui a dit, « Retournes-toi, pourquoi viens tu dans la maison de Dieu marchant sur ta tête ? » Je ne l'ai pas vu marcher sur la tête. Je l'ai vu debout, portant un bébé et dansant. Mais la femme savait que le pasteur voyait réellement qui elle était. Elle a dit « Pardon Monsieur » et est entrée dans l'église. Pourquoi marchait-elle à l'envers ? Elle communiquait avec ces puissances sous la terre. Pendant un programme de « le pouvoir doit changer de main », quelqu'un a été surpris alors qu'il essayait de prendre du sable autour de l'église. On lui a demandé ce qu'il voulait en faire et il a dit qu'il voulait l'utiliser afin que les gens viennent à son église en grand nombre. On lui a dit qu'il aurait fait une erreur parce qu'il aurait versé du feu liquide là bas et se serait attiré des ennuis. Aussi, il y'avait un homme à qui on a demandé de venir enterrer un fétiche à MFM et il a accepté. Tout ce qu'il avait fait était d'accepter. Il n'était même pas encore venu quand les problèmes ont commencé, jusqu'à ce qu'il soit transporté à MFM.

L'ENTERREMENT DE LA SORCELLERIE

Dans une coquille, tout bien de l'homme a une représentation et quand cette représentation spirituelle est mise en cage, piégé, enterrée ou emprisonnée au cimetière, c'est la fin.

Dans Matthieu 10, Jésus a donné des instructions à ses disciples. Le verset 8 dit : « Guérissez les malades, purifiez les lépreux ressuscitez les morts, chassez les démons : gratuitement vous avez reçu, donnez gratuitement ». Donc quand tu vas voir un prophète et qu'il te demande de l'argent, tu dois savoir qu'il n'a pas reçu sa puissance de Jésus, parce que Jésus dit : « vous avez reçu gratuitement, donnez aussi gratuitement », le verset 11 dit : « Dans quelque ville ou village que vous entrez, informez vous s'il s'y trouve quelque homme digne de vous recevoir ; et demeurez chez lui, jusqu'à ce que vous partiez. En entrant dans la maison saluez la ; et si la maison en est digne, que votre paix vienne sur elle ; mais si elle n'en est pas digne que votre paix retourne avec vous.» c'est pour dire que la paix est une entité qui peut être transférée, donnée ou retirée. C'est comme ça pour tout, que ce soit l'argent, le mari, la femme, les enfants, etc. Ils peuvent être capturés et enterrés spirituellement. Donc, bien qu'ils soient là, ils ne seront pas disponibles. Tu dois reconnaître la réalité sur le fait que quand quelque chose est établi spirituellement, le naturel n'a d'autre choix que de s'aligner au spirituel. Quand quelque chose a été enterré ou est dans d'autres mondes, mis dans le séjour des morts, on dit que la chose a été remise à mère terre.

Peu importe ce qui arrive, ce qui est enterré n'est plus disponible. Voila pourquoi nous parlons d'enterrement de la sorcellerie. Quand la puissance de sorcellerie enterre l'horloge de quelqu'un, elle traite contre son temps. La personne devient un vagabond errant ça et là sans direction. Si elle enterre le porte-monnaie de la personne, ses finances seront troublées. Si elle enterre l'alliance de la personne, son foyer sera troublé. Elles prennent des choses ayants de tel sens. J'ai vu des cas où le matin du mariage ; la mariée court voir l'homme de Dieu pour dire qu'elle ne trouve plus sa chaussure droite. Elle a été volée. Que vont-elles en faire ? Elles vont l'enterrer.

Il y a des agents satanique qui invoquent les noms des gens dans les choses et les enterrent.
Il y a longtemps, une dame m'a conduit avec certaine personnes, là où elle a déterré la photo d'un mariage. Elle m'a dit : « Dieu va-t-il me pardonner, maintenant que je te l'ai donné ? » Je lui ai demandé ce qu'elle a fait au couple et elle m'a dit : « Nous les avons séparé. La femme est en Afrique du Sud et le mari en Russie. » Les gens fabriquent les cercueils artificiels pour des gens et disent des paroles de malédictions contre eux, ou y mettent quelque chose les appartenant avant de les enterrer. Ces gens deviennent des morts vivants. Quand cela arrive l'hôpital devient inutile pour toi.
Il y a plusieurs années, dans mon ancienne église, nous sommes arrivés à l'église un matin et avons trouvé un gros fétiche dans l'église. Certains personnes ont fui. Mais Dieu merci, il y avait

Par Dr. D. K. Olukoya

certaines personnes là qui avait compris ce en quoi ils avaient cru. Ils l'on levé et on dit : « Saint Esprit, regardes ce matériel inutile qui a été déposé ici. Nous l'aurons juste détruit, mais nous voulons donner une leçon à ceux qui l'ont déposé. Par conséquence que l'ange du Dieu vivant prenne le fétiche et conduise un enterrement inverse. » Peu de temps après ceux qui l'avaient mis ont ressurgis, quand ils ne pouvaient plus supporter le feu. Si, pendant que tu lis ce message, tu sais que tu as enterré des choses sous instruction du charlatan, des féticheurs ou des faux prophètes, tu l'as peut être fait dans l'ignorance, mais le diable savait ce qu'il faisait. On t'a peut être conduit à enterrer des choses qui t'appartenaient par tes propres mains. Certaines personnes organisent des fêtes dans lesquelles, elles distribuent de la nourriture démoniaque à plusieurs personnes et des choses commencent à se produire après qu'elles aient mangé. J'ai vu la méchanceté du plus haut niveau quand on a demandé à quelqu'un qui avait prêt N10 million en banque d'emprunter de l'argent aux gens et de l'enterrer dans le but d'enterrer leurs finances et de les rajouter à sa fortune.

DETENUS PAR LE SEJOUR DES MORTS

Un frère à été conduit dans la tombe par un ange dans son rêve. L'ange a frappé la tombe et a crié le nom de quelqu'un que ce frère connaissait trois fois et la personne est sortie. Le frère a récupéré sa bénédiction de cette personne et c'était la fin de ses problèmes. Cela signifie que même si la personne qui t'a fait du mal ou qui a volé ta bénédiction est morte, tu peux toujours lui arracher tes bénédictions. Rien ne marchera pour quelqu'un dont les vertus sont détenues par le séjour des morts aussi longtemps que cette personne est sur terre. Les choses marcheront seulement si cette personne s'envole dans les airs. Mais aussi longtemps que cette personne est en contact avec mère terre, rien ne marchera.

Il y a plein de choses que beaucoup de croyants ne comprennent pas, c'est pourquoi la Bible dit que les enfants du monde sont plus sages à leur façon. Il y a plein de choses qui ne sont pas claires pour les croyants, mais les gens du royaume des ténèbres le comprennent très bien. C'est pourquoi la Bible dit : « Mon peuple périt, faute de connaissance ». Beaucoup de gens au Nigéria portent juste des

Bibles et regardent les vidéos américaines. Ils disent
: « Nous ne devons pas prier aussi dur. Nous ne
croyons pas en ce genre de prière. » Le problème
avec ce genre de personnes, c'est qu'elles sont mises
en cage.

Ce ne sont pas ceux qui parlent. Quelque chose
opère une logique démoniaque en eux.

Sans les prières agressives, tu ne peux pas harceler
ces puissances. Elles restent juste là et continue de
s'étendre.

QUI SONT CEUX QUI SONT DETENUS PAR LES FORCES DE LA TOMBE ?

1. Ceux qui rêvent toujours des morts. Si tu vois constamment des personnes qui sont mortes, tu manges avec eux, parlent avec eux, ou tu fais des choses avec eux en général dans le rêve, le Seigneur essaie de te dire qu'une partie de ta vertu est avec les morts. Tout ce que tu dois faire, c'est de les détrôner et de récupérer tes vertus. Quand quelqu'un est capturé par la puissance de la tombe, c'est comme si le monde entier était contre cette personne. Partout où elle va, elle

est contrariée.
2. Ils ont toujours l'impression que quelqu'un ou les gens les suivent, et ils sont les seules à les voir ou à les ressentir.
3. Ceux qui sont capturés par la puissance de la tombe, quelques fois souffrent d'aveuglement spirituel terrible. Ils ne voient rien, n'entendent rien, et n'espèrent rien. Ils sont complètement vide spirituellement.
4. Spirituellement, ces personnes sont revêtis d'haillons. Les vêtements de mort, qui se transforment rapidement en haillons. Ces personnes vivent dans la pauvreté, à moins qu'ils ne crient au Seigneur.
5. Ils font des efforts inédits et sont déterminés à se détruire.
6. Quelques fois, ils rêvent d'animaux très lent comme la tortue, l'escargot, etc. un jour j'ai prié pour un homme, et il s'est levé pour partir, sur sa chaise, il y'avait une tortue. Je lui ai dit : « reviens, qu'est ce que c'est ? » il l'a regardé et m'a dit : ' ah, il y a longtemps un féticheur a fait quelque chose pour moi avec

une tortue et m'a demandé de la jeté dans la mer et je l'ai fait. Mais elle était là plusieurs années plus tard sur une chaise. Ce qui montre que le diable est très malin. Le monsieur pensait l'avoir jeté dans la mer, mais il ne savait pas que les puissances du mal l'avaient replanté dans sa vie. Il ne pouvait pas faire du progrès et se demandait pourquoi.

C'est pour cette raison, que Jésus est descendu dans les régions inférieures. Ephésiens 4 :8-9 dit : « c'est pourquoi il est dit, étant monté en haut, il a emmené des captifs et a fait des dons aux hommes, or que signifie qu'il est monté, sinon qu'il est aussi descendu dans les régions inférieures de la terre ? Celui qui est descendu, c'est le même qui est monté au dessus de tous les cieux, afin de remplir toutes choses.» Pourquoi a-t-il du y aller ? Il fallait qu'il y aille parce que beaucoup de bonnes choses avaient été enterrées.

Il fallait que Jésus aille libérer les captifs. Il a prêché aux esprits qui étaient en prison. Voila pourquoi l'un

DETENUS PAR LE SEJOUR DES MORTS

de mes passages favoris est Apocalypse 1 :18 dit : Et le vivant. J'étais mort et voici, je suis vivant aux siècles des siècles, je tiens les clés de la mort et du séjour des morts, Amen ». Il nous a donné cette même autorité. Il n'y a que la puissance de résurrection du Seigneur Jésus-Christ qui peut commander à ce qui est retenu par les esprits de la tombe de sortir comme Lazare et ils sortiront tous. Bien aimés, pourquoi ne pas demander à cette puissance de descendre sur ta vie ?

LES POINTS DE PRIERE

1. Imposes ta main droite sur ta tête et fais cette prière : toutes mes bénédictions retenues dans la tombe, sortez au nom de Jésus.
2. Je libère ma bénédiction de la main d'un quelconque parent décédé, au nom de Jésus.
3. Je retire mes bénédictions des mains d'un quelconque parent décédé, au nom de Jésus.
4. Mets ta main sur ton estomac et fais cette prière : je disgrâce tout enterrement dans la sorcellerie, au nom de Jésus.
5. Juste, comme la tombe n'a pas pu retenir Jésus, aucune puissance ne pourra retenir mon miracle, au nom de Jésus.
6. Cette chose qui bloque ma grandeur, lâche prise maintenant, au nom de Jésus.
7. Tout ce qui a été fait contre moi en utilisant la terre, soit neutralisé au nom de Jésus.
8. Tout ami-ennemi soit exposé au nom de Jésus.
9. Tout ce qui représente mon image dans le monde de l'esprit, je retire ta représentation, au nom de Jésus.
10. Tous les camps de mes ennemis, recevez une confusion enflammée, au nom de Jésus.

A PROPOS DU DR D.K. OLUKOYA

Le Dr. D.K. Olukoya est Pasteur principal et Superviseur Général des Ministères de la Montagnes de Feu et des Miracles et des Ministères du Cri de Guerre. Il est titulaire d'une licence de Microbiologie de l'Université de Lagos au Nigeria, et d'un doctorat dans le domaine de Génétique Moléculaire de l'Université de Reading, au Royaume Uni. Comme chercheur, il a plus de quatre-vingts publications à son actif.

Oint par Dieu, le Dr. Olukoya est un enseignant, un prophète, un évangéliste et un prédicateur de la Parole de Dieu. Sa vie et celle de sa femme, Shade, et leur fils, Elijah Toluwani, sont des preuves vivantes que tout pouvoir est à Dieu.

Par Dr. D. K. Olukoya

A PROPOS DU MINISTERE DE LA MONTAGNE DE FEU ET DES MIRACLES

Le **Ministère de la Montagne de Feu et des Miracles** (MFM) est un Ministère du Plein Evangile consacré au réveil des signes apostoliques, aux œuvres et miracles du Feu du Saint Esprit et à la démonstration illimitée de la puissance de Dieu à délivrer au-delà de toute mesure. On y enseigne ouvertement la Sainteté absolue à l'intérieur et à l'extérieur comme étant le plus grand désinfectant spirituel et une condition préalable pour aller au Ciel.

MFM est un Ministère Evangélique de " faites-le vous-même " où vos mains sont entraînées au combat et vos doigts à la bataille.

Brève histoire du Ministère de la Montagne de Feu et des Miracles

Le Ministère de la Montagne de Feu et des Miracles fut fondé en 1989. La première réunion s'était tenue au domicile du Dr. Olukoya, à laquelle avaient assisté 24 personnes. L'église a ensuite emménagé au N°60, Old Yaba Road, Lagos, puis au site de la

Direction Générale actuelle, le 24 Avril 1994.

La Direction Générale du Ministère de la Montagne de Feu et des Miracles est la plus grande congrégation Chrétienne en Afrique capable de contenir plus de 200.000 fidèles en un seul culte.

Le **Ministère de la Montagne de Feu et des Miracles** (MFM) est un Ministère du Plein Evangile consacré au réveil des signes apostoliques, aux œuvres et miracles du Feu du Saint Esprit et à la démonstration illimitée de la puissance de Dieu à délivrer au-delà de toute mesure. On y enseigne ouvertement la Sainteté absolue à l'intérieur et à l'extérieur comme étant le plus grand désinfectant spirituel et une condition préalable pour aller au Ciel.

MFM est un Ministère Evangélique de " faites-le vous-même " où vos mains sont entraînées au combat et vos doigts à la bataille.